COMO ADMINISTRAR O ESCRITÓRIO COMO UM LÍDER PROFISSIONAL

Contente

5

introdução

A posição do gerente do escritório está mudando. Para mim não há dúvida. Antes do início do surto de coronavírus, o papel começou a mudar. No entanto, a posição do gerente do escritório muda quando ele retorna a um local de trabalho real ou virtual.

Os gerentes de escritório não são mais responsáveis por comprar suprimentos de escritório, consertar impressoras quebradas ou garantir que os funcionários lavem a louça depois do almoço. Hoje eles são essenciais para a satisfação, segurança, retenção e muito mais dos funcionários.

Este ensaio examina as qualidades, habilidades e recursos necessários para que um excelente gerente de escritório seja bem-sucedido em seu trabalho neste ano e no futuro.

A capacidade de gerenciar um cubículo é essencial, pois você pode ajudar a criar um ambiente de trabalho produtivo e agradável para seus funcionários e colocá-los no caminho do sucesso. O uso de boas estratégias de gerenciamento pode ajudá-lo a melhorar o espaço do seu escritório e aumentar o sucesso do seu negócio, seja organizando seu local de trabalho ou ajudando a desenvolver e treinar os talentos dos membros de sua equipe . Este ensaio explica o valor do gerenciamento eficaz do escritório e fornece uma lista de dicas práticas.

Como gerente de escritório, você geralmente tem a tarefa de garantir que tudo corra da melhor maneira possível. Mas administrar um escritório com eficiência às vezes pode ser um pouco desafiador quando você adiciona um grupo de pessoas com personalidades diferentes, papelaria e software diferentes e uma variedade de distrações. No entanto, você não deve proibir tudo isso. Na verdade, isso deve servir de inspiração para manter um local de trabalho limpo! Gerenciar um escritório envolve fazer malabarismos com uma variedade de responsabilidades. Os gerentes do local de trabalho mantêm o local de trabalho funcionando sem problemas dia após dia, semana após semana, mês após mês e ano após ano. Existem vários aspectos que precisam ser considerados em nível diário ou global. Orçamento de escritório, gerenciamento de estoque, assentos e layout, contratação de novos funcionários, manutenção de registros e outras tarefas podem estar na lista de tarefas de um gerente de escritório.

Aqui estão algumas dicas de gerenciamento de escritório para manter as coisas funcionando sem problemas, se você deseja administrar um escritório com eficiência e melhorar suas habilidades de liderança e gerenciamento.

Os deveres típicos de um cargo de gerente de escritório incluem:

O uso de tecnologia e software para maximizar a eficiência das operações do escritório.

- Gerenciar sistemas de armazenamento offline e online.

- Criar e manter orçamentos para o local de trabalho.

- Manter os equipamentos de escritório em boas condições e fazer os reparos necessários.

- Se os funcionários da recepção estiverem ausentes ou doentes, peça mais ajuda.

- Responder às dúvidas e reclamações dos clientes.

- Pesquise a segurança no local de trabalho e faça as atualizações necessárias.

Uma nova definição de gerenciamento de escritório

O papel de um gerente de escritório hoje é mais complicado e dinâmico do que nunca devido à mudança de tecnologia, estruturas de negócios e condições gerais de trabalho.

Os gerentes do local de trabalho em muitas organizações ainda supervisionam um espaço de trabalho físico fixo onde uma equipe principal de funcionários trabalha durante o horário comercial normal. No entanto, o trabalho e as pessoas supervisionadas por muitos gerentes de escritório estão espalhados por vários locais, fusos horários e diferentes tipos de empregos (principalmente aqueles que trabalham para empresas de tecnologia).

Como resultado, seu trabalho como gerente de escritório crescerá em um ritmo incrivelmente rápido. Devido a essas mudanças rápidas, também há novos recursos, novas ferramentas e novos obstáculos a serem superados. As habilidades de que você precisará para ter sucesso em sua carreira e as responsabilidades que lhe serão atribuídas serão, sem dúvida, diferentes, mesmo que o cargo não seja.

Neste artigo, discutimos algumas das mudanças que você deve esperar durante sua carreira como gerente de escritório, bem como alguns dos desafios que provavelmente enfrentará regularmente. Além disso, não importa qual seja o aspecto do seu "trabalho", falamos sobre a inegável importância de sua função e oferecemos os recursos e o incentivo de que você precisa para fazer a diferença.

O que é um gerente de escritório?

Quando se trata de gerenciamento de escritório, trata-se realmente do que torna um escritório produtivo. Todos os gerentes de escritório são responsáveis por planejar, coordenar e regulamentar as operações do escritório, observando de perto a supervisão do governo, as regulamentações trabalhistas e a satisfação dos funcionários. Os gerentes de escritório têm uma variedade de funções, dependendo das necessidades de sua organização.

Os cargos de gerenciamento de escritório podem variar de acordo com o setor, mas as responsabilidades básicas desses gerentes geralmente são relativamente semelhantes. Os gerentes de escritório às vezes têm o poder de contratar, demitir, treinar e promover funcionários. Além disso, asseguram o bom funcionamento das funções administrativas de uma empresa, asseguram a disponibilidade dos equipamentos necessários e verificam o bom estado dos equipamentos de escritório.

Faça do seu escritório um lugar positivo para trabalhar

A capacidade e a motivação de seus funcionários para fazer um bom trabalho são determinadas pelo ambiente físico em que trabalham. Nosso ambiente tem um enorme impacto sobre nós como seres humanos. Enchemos nossas casas com memórias e artefatos que nos inspiram ou nos fazem sentir bem. Para nos sentirmos "em casa", decoramos nossos carros e nossos locais de trabalho.

Esforços semelhantes também são feitos em sites comerciais para manter uma certa atmosfera. Enquanto estádios e casas de shows são projetados para serem visualmente estimulantes, hotéis e spas são projetados para promover conforto e tranquilidade. Enquanto os restaurantes podem ser escuros, românticos, jovens ou acolhedores, as instalações médicas são imaculadas e contemporâneas.

No entanto, a estética por si só não é suficiente para transmitir a finalidade ou a sensação de uma sala. Também é importante considerar como as pessoas interagem umas com as outras, a organização e configuração do espaço, o desempenho dos indivíduos e o respeito pelo ambiente. O mau atendimento ao cliente dos funcionários do hotel não pode ser mascarado por obras de arte atraentes nas paredes. Se as mesas estiverem sujas ou a sala de jantar lotada e movimentada, os clientes não apreciarão a tentativa de um restaurante de criar uma atmosfera calorosa e pacífica. O ambiente importa.

Aprenda técnicas de escritório.

Às vezes chamados de funcionários de escritório, coordenadores e/ou gerentes de operações de escritório, esses indivíduos costumam ser as primeiras pessoas contatadas por qualquer pessoa dentro ou fora da organização. Suas funções são variadas, desde apoiar a integração de novos funcionários e promover um ambiente de trabalho saudável até trabalhar como assistente executivo.

Como resultado, a carga de trabalho de um gerente de escritório aumenta rapidamente. Você não apenas precisa manter a utilidade e a adaptabilidade do espaço do escritório, mas também gerenciar as ações dos funcionários, viagens, prazos e uma longa lista de outras coisas. Existem muitas expectativas em relação a um cargo de gerente de escritório, e muitos funcionários têm ideias diferentes sobre o que esse gerente realmente deveria estar fazendo.

Ser um gerente de escritório é incrivelmente recompensador porque você pode superar as expectativas dos outros. Você pode assumir responsabilidade pessoal pelo sucesso de uma organização e de seus funcionários e fazer uma contribuição significativa para o sucesso deles.

Embora muitos desses locais sejam projetados para serem centrados no cliente, o local de trabalho também deve considerar as preferências e necessidades dos funcionários. Por causa de sua conveniência e satisfação, os funcionários têm maior probabilidade de trabalhar com eficiência e fornecer um serviço de qualidade, que seus clientes apreciarão. Três mudanças importantes que você pode fazer em seu local de trabalho melhorarão o desempenho e a felicidade dos funcionários.

O que é fundamental na gestão de escritórios?

O gerenciamento do escritório é essencial porque pode aumentar a produtividade de seus funcionários, ajudá-lo a aproveitar melhor seu tempo e aumentar a qualidade do trabalho de sua empresa. Você pode melhorar suas habilidades administrativas, promover um ambiente de trabalho positivo e aumentar o moral dos funcionários adotando ideias e práticas eficazes de gerenciamento de escritório.

Prepare a área.

Organizar seu espaço de trabalho pode aumentar a produtividade da equipe e promover um ambiente de trabalho produtivo. Existem várias maneiras de configurar seu espaço de trabalho, incluindo:

- Estabelecimento de áreas de trabalho designadas para o pessoal.
- Procedimentos de registro de empresa atualizados
- Colocação de etiquetas em compartimentos, gavetas e prateleiras
- Classifique os materiais do projeto em caixas de armazenamento e pastas após a conclusão

- Anote os suprimentos que você precisa reabastecer, por exemplo. B. Grampeador e tinta de impressora.

Se você deseja criar um ambiente de trabalho positivo, limpar o espaço do escritório também pode ajudar muito. Considere criar um plano que lembre você e sua equipe de limpar áreas específicas de seu espaço de trabalho durante o dia de trabalho. Por exemplo, você pode tirar o pó e limpar a sala de descanso na segunda-feira e reorganizar e classificar a correspondência na quinta-feira. Manter um espaço de trabalho limpo pode aumentar a produtividade dos funcionários e reduzir as distrações.

Em vez de reagir, prepare-se.

Seu dia fluirá melhor se você reservar um tempo para se preparar, em vez de reagir espontaneamente às situações que surgirem. Fazer planos para o dia seguinte pode ajudá-lo a priorizar suas atividades e reduzir um pouco do estresse e da incerteza que acompanham a vida cotidiana.

Mantenha registros atualizados

Manter os registros de negócios atualizados pode ser uma parte importante da administração do seu escritório. Seu escritório pode economizar tempo e ajudar sua equipe a trabalhar com mais eficiência rastreando as informações de contato do cliente, atualizando as informações de pagamento e observando quando seus representantes já entraram em contato com os clientes.

Por exemplo, um representante de vendas pode se beneficiar ao anotar as informações de contato de um novo cliente e a natureza da interação e determinar se sua equipe deve entrar em contato com o cliente novamente no futuro. O vendedor pode salvar os dados para que outro funcionário não precise ligar de volta para o mesmo cliente caso o chat tenha corrido bem e o cliente já esteja pensando em comprar da sua empresa.

Seja o funcionário mais organizado da empresa.

Habilidades organizacionais e de gerenciamento de tempo estão no topo da lista por um motivo. Vai além de apenas desenvolver um novo sistema de arquivos. Um gerente de escritório deve conhecer não apenas a sua, mas também a agenda de todos os envolvidos. A função exige que você equilibre as operações do dia a dia com as estratégias de longo prazo da empresa, fornecedores externos e funcionários. Se faltarem habilidades organizacionais, o trabalho aumentará rapidamente.

Crie um método de classificação que funcione para você.

Embora a maioria dos arquivamentos agora seja feita digitalmente, ainda é necessário acompanhar o que está sendo armazenado e onde. Se o sistema web for confuso, projete e implemente um sistema de arquivamento melhor. Para garantir que todos enviem corretamente, certifique-se de que outras pessoas também conheçam o método.

Crie canais de comunicação abertos.

Seus colegas certamente virão até você como gerente de escritório com uma grande variedade de solicitações, solicitações ou solicitações. Canais de comunicação eficazes devem ser estabelecidos para receber e processar essas solicitações rapidamente.

Mantenha sua caixa de entrada limpa e organizada. Ignorar e-mails ou deixar coisas inacabadas pode levar a uma grande desorganização e perda de e-mails. Sempre tente manter sua caixa de correio o mais organizada possível. Deixe claro para seus funcionários como eles podem fazer perguntas ou sugestões. Claro, uma pergunta simples como "Onde estão as canetas extras?" Pode ser feito pessoalmente, mas pedidos maiores devem sempre ser feitos por escrito. Isso cria um arquivo e garante que nada seja esquecido. Defina regras sobre como você pode ser contatado no trabalho, seja Slack, e-mail ou outro canal de comunicação com seus colegas de trabalho.

Você pode precisar de algum tempo para parar de responder às perguntas de seus colegas enquanto nos comunicamos. Concentre-se no seu trabalho importante e depois cuide de todas as novas solicitações. Explique claramente seus deveres e posição quando alguém fizer uma solicitação que você não possa atender imediatamente ou de forma alguma. Você pode recusar ou dar o trabalho a outra pessoa se não for de sua responsabilidade.

Obtenha estética adequada
Há muitas maneiras de influenciar a aparência do seu espaço de trabalho, embora as escolhas de design possam não depender inteiramente de você. Criar um local de trabalho onde todos se sintam confortáveis é uma arte, seja colocando flores frescas na recepção ou pedindo que as luzes tremeluzentes sejam trocadas, ou ações mundanas como restaurar salas de reuniões a condições impecáveis e pendurar obras de arte nas paredes. Inspire-se na reputação da sua empresa e no tipo de trabalho que seus funcionários fazem.

Se sua marca é caprichosa, disruptiva e você faz muito trabalho criativo, use cores mais ousadas, decoração moderna e detalhes inspiradores. Se o seu espaço de trabalho for silencioso e você fizer um trabalho intenso e contemplativo, considere uma abordagem minimalista com tons suaves e menos distrações visuais.

habilidades de planejamento

Os gerentes de escritório devem ser bons planejadores por natureza. Suas atividades de planejamento incluirão tudo, desde a organização de reuniões de escritório até a atribuição de tarefas. Desde o planejamento de operações comerciais de longo prazo até a conclusão eficiente das tarefas diárias, o planejamento organizado é uma habilidade essencial que todo grande gerente de escritório deve ter.

capacidade de gerenciar

Conhecimento administrativo deve ser um dado para um gerente de escritório. Provavelmente, você ocupou cargos administrativos antes de se tornar um gerente de escritório. Nessas funções, você terá desenvolvido um nível básico de habilidades administrativas e continuará a fazê-lo enquanto se ajusta ao seu novo trabalho como gerente de escritório. Você será responsável por manter e desenvolver a cultura da empresa, bem como as responsabilidades de outras pessoas, incluindo a avaliação de desempenho dos funcionários. Além disso, você será responsável por várias tarefas administrativas dentro da organização.

Potencial de liderança

A habilidade mais importante de que um gerente precisa é a liderança; Algumas pessoas têm isso naturalmente , outras não. Ou você conduz cegamente a si mesmo e sua equipe ao desastre, ou pode ser um excelente líder.

Existem muitas formas e tamanhos de liderança. Em uma empresa de viagens corporativas como a Travel Perk, você pode ser responsável por gerenciar o trabalho de mais de 100 funcionários ou trabalhar em uma pequena equipe de seis pessoas. É importante assumir a responsabilidade por todos que trabalham para você, independentemente do número de funcionários.

Delegação eficaz de tarefas.

É importante delegar. Quando se trata de atribuir tarefas , muitos gerentes tendem a delegar a maior parte para si mesmos, ou especialmente para um ou dois funcionários, o que é injusto para eles e para o restante da equipe do escritório.

A chave é priorizar o que precisa ser feito e depois abrir mão do controle. Há um problema se você não conseguir alcançá-lo. O trabalho do gerente pode ficar sobrecarregado e ele pode não ser capaz de trabalhar efetivamente em outras áreas se não puder distribuir o trabalho.

Planeje sua semana.

Você pode gerenciar seu tempo com mais eficiência e priorizar suas tarefas criando uma programação semanal. Veja os próximos compromissos, reuniões e outras tarefas importantes e classifique-os por importância no início de cada semana. Ao fazer o pedido, use as seguintes categorias:

- As atividades fixas são definidas como qualquer reunião ou avaliação de funcionários com uma data fixa. Muitas vezes você já tem essas tarefas à sua frente, impedindo-o de alterá-las. Vale a pena fazer todas as tarefas fixas primeiro e depois distribuir o restante da carga de trabalho entre elas.

- Prioridade máxima: Tarefas que precisam ser concluídas o mais rápido possível, geralmente no final da semana ou em dias específicos da semana seguinte, são consideradas de alta prioridade. Se você classificar essas tarefas por datas de vencimento, poderá concluí-las em ordem de importância.

- Flexível: as últimas tarefas que você adiciona ao seu calendário geralmente são tarefas flexíveis. Muitas vezes, são tarefas que você não precisa concluir até o final da semana, mas podem ajudá-lo em um projeto ou tarefa que tenha um prazo. Considere adiar suas tarefas flexíveis planejadas para a próxima semana se não conseguir encaixá-las todas nesta semana, pois pode ter mais tempo para concluí-las.

Torne-se um mestre da comunicação

Para ter sucesso em uma posição de gerente de escritório, você deve ter fortes habilidades de comunicação. Ajuda a dar instruções precisas, resolver problemas e evitar erros. Um dos poucos cargos em uma empresa que tem contato com todos, desde novos contratados até executivos de nível C, é o de gerente de escritório. Certifique-se de ter fortes habilidades de comunicação, pois isso tornará o trabalho muito mais fácil.

Seja criativo ao resolver problemas

A profundidade da experiência na indústria que um gerente de escritório desenvolve ao longo do tempo é incomparável. Eles são essenciais para a capacidade de uma organização de superar os momentos mais difíceis e contar com fortes habilidades de resolução de problemas. Quanto mais tempo você gasta no trabalho, mais ajuda você buscará para resolver problemas pessoais difíceis.

No entanto, a solução de problemas não para por aí. Um gerente de escritório geralmente é encarregado de implementar um plano sem os recursos financeiros para isso. O pré-requisito para o cargo é sua capacidade de usar seus recursos de forma criativa e seguir em frente apesar dos obstáculos.

manter o desempenho

De que adianta um trabalho se nenhum trabalho é feito? A ideia de que o ambiente em que as pessoas trabalham deve ser claro, livre de distrações e talvez o oposto de concessões prevaleceu décadas atrás. Os trabalhadores tiveram que permanecer em suas áreas designadas e foram isolados. Felizmente, as coisas mudaram. Segundo a pesquisa, os funcionários trabalham com mais eficiência em ambientes adequados ao tipo de trabalho que realizam. Igualmente importante deve ser dada a criação de espaços onde os trabalhadores se possam concentrar, agregar ou fazer merecidas pausas.

habilidades de análise

É uma boa ideia aprimorar suas habilidades analíticas em qualquer nível profissional. Para ajudar sua empresa a prosperar, como gerente de um escritório, você precisa ser capaz de identificar ineficiências e tomar medidas para corrigi-las.

conhecimento de informática

Para um gerente de escritório, conhecimentos de informática fortes e úteis não são apenas bons, mas necessários. Deve ter conhecimento suficiente para executar com facilidade, precisão e eficiência as tarefas diárias de TI, incluindo entrada de dados, preparação de papel e formatação de apresentação. Você provavelmente usa software de comunicação, videoconferência e relatórios de despesas diariamente.

tomar decisões rapidamente

Você é capaz de tomar decisões rápidas no local? Como gerente de escritório, há uma série de situações em que uma resposta rápida pode ser necessária. Por exemplo, você pode precisar coordenar com a empresa de transporte cuja programação inclui vários itens grandes que precisam ser retirados na recepção, ou pode ser necessário organizar um layout de escritório de última hora para um evento interno.

Há decisões a serem tomadas e estas podem surgir de circunstâncias imprevistas que acabaram de ocorrer. Ser capaz de tomar decisões rápidas pode ser benéfico para um gerente de escritório, especialmente em um ambiente movimentado.

adaptabilidade aos outros

Como gerente de escritório, você provavelmente tem uma lista interminável de tarefas. Mesmo que haja, você ainda precisa ser capaz de oferecer alguma flexibilidade. Há pedidos que precisam ser concluídos até uma determinada data e outros que chegam de última hora e estragam seus planos.

Sempre tente ser flexível sempre que puder e tente levar cada dia como ele vem. Como as coisas nem sempre saem conforme o planejado, é aconselhável ajustar enquanto você pode.

Atribuir dever de casa

Delegar tarefas a colegas e outras pessoas pode melhorar a eficiência e a produtividade de seu escritório, ajudando você a cumprir prazos importantes. Considere dividir um grande projeto em componentes menores e delegá-los a diferentes membros da equipe se, por exemplo, você precisar fazer isso rapidamente. Você pode fazer todas essas pequenas tarefas ao mesmo tempo. Quando terminar, você pode coletar seu trabalho e dados em um documento ou relatório coerente.

Comunicativo e acessível

Uma parte essencial do trabalho do gerente de escritório é a comunicação. Eventualmente, eles formarão uma das principais superfícies visuais e internas do edifício. É importante ter uma disposição amigável.

Independentemente de quem sejam, todos devem ser capazes de abordar o gerente do local de trabalho sem se sentirem intimidados ou irritados. Devido à grande variedade de tipos de personalidade, diferenças, origens e, mais importante, antiguidade, ser uma pessoa social é literalmente um trunfo.

criar rotinas

Em um ambiente de escritório, estabelecer rotinas pode ajudar a gerenciar fluxos de trabalho, desenvolver maneiras de lidar com as informações do cliente e responder a situações específicas. Pode ser benéfico para um indivíduo ou membro da equipe ter uma pessoa designada a quem recorrer se for necessário mais trabalho após a conclusão de suas tarefas ou atribuições. Você pode ajudar a desenvolver um fluxo de trabalho autogerenciado que permite que uma equipe trabalhe consistentemente ao longo do dia, liberando tempo para se concentrar em suas tarefas e projetos, atribuindo essa tarefa a outro membro da equipe.

Também é importante ter rotinas para que você possa trabalhar e cumprir os prazos, mesmo em situações como o fechamento de um prédio comercial ou uma rede corporativa inativa. Rotinas sólidas e testadas pelo tempo o ajudarão a resolver quaisquer problemas ou divergências no local de trabalho, seja fazendo backup dos discos rígidos do escritório ou implementando uma estrutura para que você possa trabalhar remotamente, se necessário.

ser compreensivo

Todo gerente de escritório deve ser capaz de entender e ter empatia com todos os membros da equipe. Um gerente de escritório é normalmente o porta-voz da grande maioria dos trabalhadores, pois é parte integrante da equipe e está intimamente familiarizado com as condições de trabalho de todos. Para garantir que todos sejam ouvidos e compreendidos, você precisa ser capaz de liderar com charme e empatia.

Um gerente de escritório geralmente é membro de comitês de saúde ou iniciativas de caridade. Você deve ser capaz de liderar iniciativas que exijam empatia, combinar uma perspectiva de negócios com compaixão e equilibrar expectativas e realidade.

Tente limitar as interrupções!

Como gerente de escritório, você certamente terá que lidar com um grande número de solicitações simultaneamente enquanto tenta cumprir seus compromissos diários. Uma programação pode ajudá-lo a gerenciar seu tempo e reduzir as interrupções porque você pode ser mais responsivo em momentos específicos, quando pode dar a eles toda a sua atenção. Certifique-se de usar momentos em que você acha que ele ficará mais calmo. Feche a porta, coloque o celular no silencioso e mantenha o foco.

mantenha o humor

Além das aparências, o espírito do seu local de trabalho é determinado pela forma como as pessoas interagem umas com as outras, pelas atitudes e perspectivas de sua equipe e pela importância de princípios orientadores como respeito, confiança e inovação. Que linguagem seus funcionários usam ao conversar? Que emoções e sentimentos a maioria das pessoas demonstra no trabalho? É silencioso ou barulhento? Você é ativo e inovador ou estritamente regulamentado e cauteloso? Esses fatores estão ajudando ou atrapalhando o seu negócio?

Uma vez que seu ambiente tenha sido contabilizado, você precisa cuidar de outras tarefas de gerenciamento de desktop. Com uma ordem de serviço ou sistema de tíquetes, você pode ser responsável pelo gerenciamento do pessoal de help desk, equipes de segurança ou pessoal de manutenção interna e externamente. Além disso, pode ser necessário coordenar a manutenção do sistema com o proprietário ou gerente de propriedade, solicitar novos equipamentos e rastrear o inventário de hardware. Embora existam muitos detalhes, uma coisa é sempre a mesma: administrar um escritório requer monitoramento regular e ação rápida.

Quer ver o desenvolvimento profissional da equipe?

Embora seja admirável estar motivado na carreira, é vital que os gerentes também fiquem de olho nas carreiras de suas equipes. É vital que você seja apaixonado por apoiar os membros de sua equipe em suas jornadas de carreira, quer permaneçam na empresa, assumam uma nova função dentro da organização ou mudem para outra empresa.

Quando as pessoas veem você como um chefe que se preocupa com o desenvolvimento delas, isso pode ser muito gratificante no trabalho.

Seu local de trabalho é realmente seguro?

É prudente proteger seu prédio de intrusos ou ameaças externas, seja por meio de uma entrada com chave ou de um sistema de segurança ativo. Suas funções podem incluir liderar equipes de segurança, monitorar câmeras de segurança ou entregar chaves a novos funcionários. Também é essencial que os móveis e as máquinas do local de trabalho possam ser usados com segurança. Certifique-se de ter pensado em todas as ameaças potenciais às suas instalações e campus e tenha uma estratégia para mitigá-las.

Especialista em tecnologia de processamento

Entender como a tecnologia funciona é benéfico. Você pode ter problemas se não estiver familiarizado com alguns dos programadores básicos, incluindo Microsoft Office e Excel. É importante que os gerentes sejam conhecedores de tecnologia e saibam como usar plataformas online.

É uma habilidade que pode ser aprendida, mas se você ainda não sabe como usar as ferramentas ou o software, provavelmente precisará de alguma prática.

analiticamente

Um dos trabalhos de um gerente é encontrar maneiras mais eficientes de lidar com as tarefas em questão. É importante identificar as áreas do seu trabalho nas quais você pode estar falhando e como resolvê-las.

Ao gerenciar um ambiente de escritório, um olhar analítico é uma habilidade útil. Isso pode ajudar sua empresa a economizar dinheiro e atender melhor os consumidores e clientes.

Se você está se perguntando: "Como isso poderia ser melhorado? ou "O que pode ser feito para torná-lo mais eficaz?" você está quase na metade do caminho. É uma boa ideia incluir chavões analíticos em seu currículo ao se candidatar a tal posição. Os termos "solucionador de problemas", "pensador crítico" e "otimização" são ótimas escolhas.

Incentive mais aprendizado e crescimento.

A moral e a produtividade podem ser aumentadas incentivando os membros da equipe a crescer e oferecendo a eles mais oportunidades de treinamento. Os funcionários podem trabalhar com mais eficiência e obter resultados de maior qualidade quando têm a oportunidade de desenvolver seus conhecimentos e habilidades profissionais.

Também pode colocá-los em uma posição melhor para promoção interna. Por exemplo, se você está dando a um assistente de marketing um trabalho que exige que ele use um software com o qual não está familiarizado, considere fornecer tutoriais ou pedir a um funcionário mais experiente para ensiná-lo a usar o programa. Você pode terminar seu trabalho mais rapidamente e reutilizar o programa para tarefas futuras.

Aqui estão algumas dicas úteis para você começar.